산하 덕진 작사 악보집

고운소리 맑은세상2

발간사

생각이 멈춰 진 고요함 속, 깊은 선정 삼매의 기쁨도 있고 눈, 귀, 코, 입, 피부 등 오감을 통해 느끼는 즐거움이 있습니다.

소리를 듣는 즐거움인 기악과 성악은 마음을 격동시키기도 하고, 잔잔하고 정적인 음악은 마음을 고요하고 편안하게도 합니다. 음악이 때로는 어떤 말보다 어떤 글보다 더 큰 감동과 위안과 기쁨을 줍니다.

불교는 부처님 당시부터 음악이 있었습니다. 부처님께서 법을 설하시고 게송으로 다시 정리 해 주셨는데 일정한 운율에 실어 암기하기 쉽도록 했습니다. 동아시아 불교 전통에서도 각국은 고유한 선율의 염불이 불교문화로 형성되어 면면히 전통을 이어 옵니다.

절에서 나오는 절제된 말이 시(詩)라 합니다. 절에는 말 이전의 시가 있습니다. 누구나 한 번 쯤 절 도량에서 울려 퍼지는 대중스님들의 예불 소리가 심장을 울린 경험이 있을 것입니다. 서산 해 질 녘에 산천을 울리는 법고 범종소리의 웅장함은 지금도 한국의 아름다운 소리로 소개되고 있습니다.

말이라는 기호가 덧대어지지 않은 절의 소리, 불교의 소리는 우리의 마음을 가라앉히기도 하고 환희용약하게도 힙니다. 그러나 기호에 의하지 않은 음악은 제한적입니다. 이 음악만 가지고는 현대인을 사유의 장으로 이끌어내기 어렵습니다.

100여년 전, 근세 불교의 큰스승 용성 진종 대종사께서 국악조의 찬불가를 최초로 만들어 보급하는데 온 힘을 기울이신 것도 불교를 효율적으로 포교하기 위해 음악이라는 수단이 필요해서였습니다.

소승도 오래 전부터 찬불가에 관심을 가져 40여년 동안 각종 재나 의식, 특히 49재 막재에는 꼭 찬불가를 불러 드리며 영가님의 왕생극락과 남은 가족의 평안을 발원해 오고 있습니다.

찬불가는 온 인류의 위대한 스승 부처님 교훈을 아름다운 선율에 실어 우주 법계를 진동 시킵니다. 진리 말씀을 새기고 다듬어서 님 찬양, 진리 찬양을 미묘한 음성, 조화로운 화음으로 만인에게 공양올립니다. 만민안락 중생구제의 훌륭한 방편입니다.

하고 싶어 하는 노래
가슴에서 넘쳐 흘러 지혜 자비 바다 된다
자신을 인간답게 마음을 부처답게
걸음걸음 보살의 길 사뿐사뿐 나아 간다

백옥 구슬 내려오듯 우담발화 미소짓듯
중생교화(衆生敎化) 심오한 진리
은은히 펼치는 찬불의 노래
불교의 자랑 온 국민의 청량제

오선 악보에 구성된 현대식 찬불가는 많은 사람이 불교를 이해하고 찬탄하게 합니다. 법회나 의식에서 중요한 몫을 하고 많은 대중을 정서적으로 한데 묶어 화합하게 하는 역할도 합니다.

소승은 대중교화를 위한 포교행에 전념하면서 불교 신행의 지침이 될만한 가사와 서정적 느낌 좋은 가사를 틈틈이 쓰고 박이제, 강주현, 한수현,

김희남, 이종만, 최미선, 조영근, 함현상 선생님 등 작곡가에 의뢰해 일반 노래와 찬불가, 동요 등 35곡을 합창곡으로 만들어 지난 2024년 가을에 『고운 소리 맑은 세상』 합창곡 악보집을 출간했습니다.

먼저 펴낸 악보집은 전문 성악가나 합창단이 부를 수 있도록 작곡되어, 일반 불자님들께는 악보가 복잡하고 어렵게 느껴졌습니다. 또한 파트별 악보를 모두 수록하다 보니 분량이 많아 다른 책에 함께 싣기 어려웠습니다. 이에 이 책에서는 파트별 악보를 생략하고, 선율만을 실어 누구나 따라 부를 수 있도록 간단하게 다시 편집하였습니다.

이 곡들을 보는 이마다 환희롭게 노래하여 다생업장과 근심고뇌 사라지고 안락행복과 지혜로운 삶의 길이 열리기를 기원합니다.

2025년 봄 정토사 안심당(安心堂)에서

산하 덕진(山河 德眞) 배(拜)

차 례

일반곡(가요, 동요)

찬불가

구름

산하 덕진스님 작사
김희남 작곡

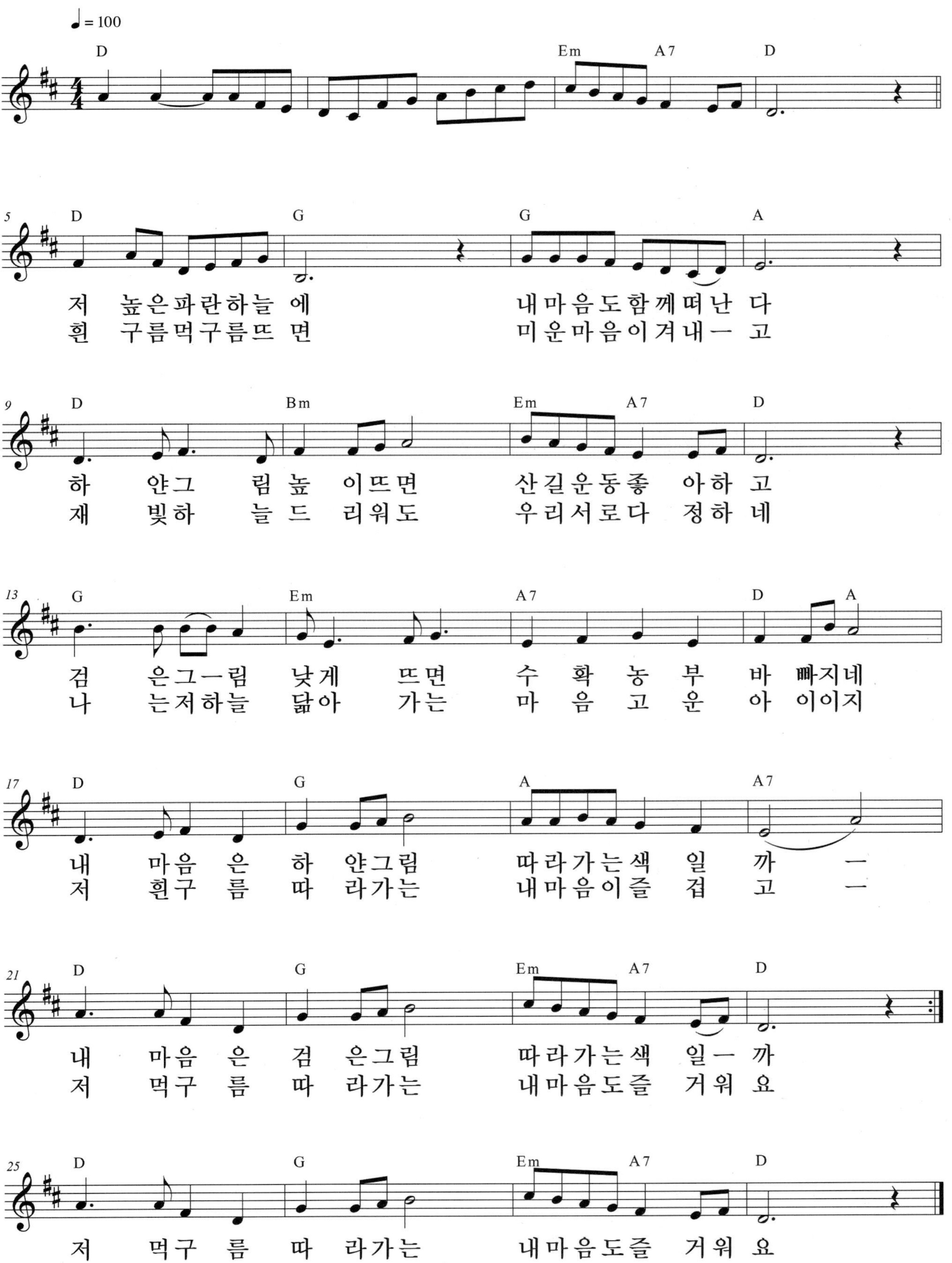
♩= 100
D Em A7 D
5 D G G A
저 높은파란하늘 에 내마음도함께떠난 다
흰 구름먹구름뜨 면 미운마음이겨내一 고
9 D Bm Em A7 D
하 얀그 림높 이뜨면 산길운동좋 아하 고
재 빛하 늘드 리워도 우리서로다 정하 네
13 G Em A7 D A
검 은그ㅡ림 낮게 뜨면 수 확 농 부 바 빠지네
나 는저하늘 닮아 가는 마 음 고 운 아 이이지
17 D G A A7
내 마음 은 하 얀그림 따라가는색 일 까 ㅡ
저 흰구 름 따 라가는 내마음이즐 겁 고 ㅡ
21 D G Em A7 D
내 마음 은 검 은그림 따라가는색 일ㅡ 까
저 먹구 름 따 라가는 내마음도즐 거워 요
25 D G Em A7 D
저 먹구 름 따 라가는 내마음도즐 거워 요

꽃길

산하 덕진스님 작사
최미선 작곡
강주현 편곡

밝고 명랑하게 ♩=106
Bb Eb F Bb
mf
Bb mf Eb Bb
샛노란떼를 지 어 한들한들인사 하 네
Bb Dm Eb Bb F Bb
황금담장보다 무 지개꿈보다 더욱 더아름다운 소박한꽃길
Eb f Cm Dm Cm C7 F
천 진 동 자 눈망울보다 더 맑은동해 물 을
Eb Cm Dm F7
안 고 업 고 춤ㅡ 추니 더 ㅡ욱황홀하구 나
Bb mf Eb Bb
나날이향기 잔 치 길손마다박수 갈 채
Bb Dm Eb F Bb
바램없는나눔 에 마음 바다 비 춰 진 ㅡ 다

녹차나무처럼

산하 덕진스님 작사
한수현 작곡
강주현 편곡
굿거리풍으로
진 초 ㅡ 록 잎 새 차 로 ㅡ 몸 과 정 신 맑 혀 주 고 ㅡ 새 ㅡ 하 ㅡ 얀
눈 보 라 도 이 겨 내 고 ㅡ 뙤 약 볕 도 달 게 받 아 ㅡ 토 실 토 ㅡ 실
꽃 향 기 ㅡ 로 벌 을 불 러 번 성 하 네 ㅡ
갑 옷 입 ㅡ 은 열 매 자 랑 하 ㅡ ㅡ 네 ㅡ
자진모리 풍으로
지혜교훈나눔으로 맑고고운향기되고
인연따라설법하고 세월따라방편쓰며
자비로운실천으로 평화세상이루어요 ㅡ
순경역경담담하게 좋은나날이루어요 ㅡ
굿거리풍으로
찻 잎 처 럼 싱 싱 하 게 ㅡ
찻 잎 처 럼 싱 싱 하 게 ㅡ
녹 차 처 럼 향 기 롭 게 ㅡ 나 의 건 ㅡ 강
녹 차 처 럼 향 기 롭 게 ㅡ 나 의 건 ㅡ 강
지 켜 가 ㅡ 고 나 의 마 음 가 꾸 어 요 ㅡ
지 켜 가 ㅡ 고 나 의 마 음 가 꾸 어 요 ㅡ

바다처럼

산하 덕진스님 작사
강주현 작곡

행복한 마음으로 ♩=110
곱디고운해 올리는바다 내마음도깨 달음 드러 내어
탐 냄—과 어리석은어두움 환 히 밝아지면 참 좋겠네
거센바람—더운햇 살 모 두 —머금어 도
고 요하 고 잔 잔한 바 — 다
기—뻠도—아—픔 도 현 실 — 지 키 려 는
안간힘도—모—— 두 잊혀지면—좋—겠 네
큰 고래작은고기 다품 고서 묵묵히미소짓는 — 바 다
권 력—자 가 진—자 서 민 취 약— 자

대 화로풀고ㅡ 평화로우면 참 ㅡ 좋 겠 네
맑은강물ㅡ탁한오 수 모 두 ㅡ마시고 도
언 제나 싱 싱한 바 ㅡ 다
칭찬에도ㅡ비방에 도 아 니 ㅡ 꼬 움 에 도
초연하면ㅡ좋ㅡ겠 네 초연하면ㅡ좋ㅡ겠 네
동 해 남 해 서 해 물 모 두 ㅡ 짭 짤 달 짝 한 한 맛 인 데 ㅡ
보 수 진 보 어 깨 동 무 하 고 ㅡ 바 다 처 럼 ㅡ 바 다 처 럼 ㅡ
양보포용으로살면 참 좋겠네 양보포용으로살면 참 좋겠네
rit.

비우자

산하 덕진스님 작사
강주현 작곡

편안한 마음으로 ♩.=48
D A D G A D
mp mp
기
D A D G Bm A
mf
쁨 은 채 우 ㅡ 고 ㅡ 근 심 은 비 우 ㅡ 자 ㅡ 고
D A Bm D A D
mp
요 를 채 우 ㅡ 고 ㅡ 잡 념 을 비 우 ㅡ 자 ㅡ 지
D A D G Bm A
mf
혜 를 채 우 ㅡ 고 ㅡ 우 치 를 비 우 ㅡ 자 ㅡ 내
D A Bm D A D
힘 과 여 건 으 로 ㅡ 갈 수 있 다 는 점 에 서 ㅡ 할
G D Bm F♯m D
수 있 다 는 ㅡ 점 ㅡ ㅡ 에 ㅡ 서 ㅡ

행복한 마음으로 ♩= 100
25
D
Bm
F♯m
A
D
mf
29
D
A
실 현 가 능 한 욕 심 도 애 정 도 삼 할 만 비 워 보 자
33
D
그 러 고 서 만 족 하 면 맑 고 ㅡ 편 안 하 다
37
D
A
D
현 실 ㅡ 과 인 연 ㅡ 에 순 응 하 면 행 복 하 다
41
D
Bm
F♯m
A
채 운 다 는 생 각 ㅡ 도 비 운 다 는 생 각 도
45
D
Bm
F♯m
A
D
모 ㅡ 두 놓 ㅡ 아 버 ㅡ 리 ㅡ 자
49
D
A
놓 을 것 도 비 울 것 도 없 으 니 허 공 같 은 마 음 일 세
53
D
A
D
A
D
놓 을 것 도 비 울 것 도 없 으 니 허 공 같 은 마 음 일 세

산사 소나무

산하 덕진스님 작사
강주현 작곡

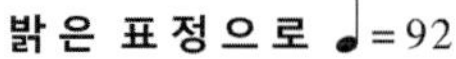

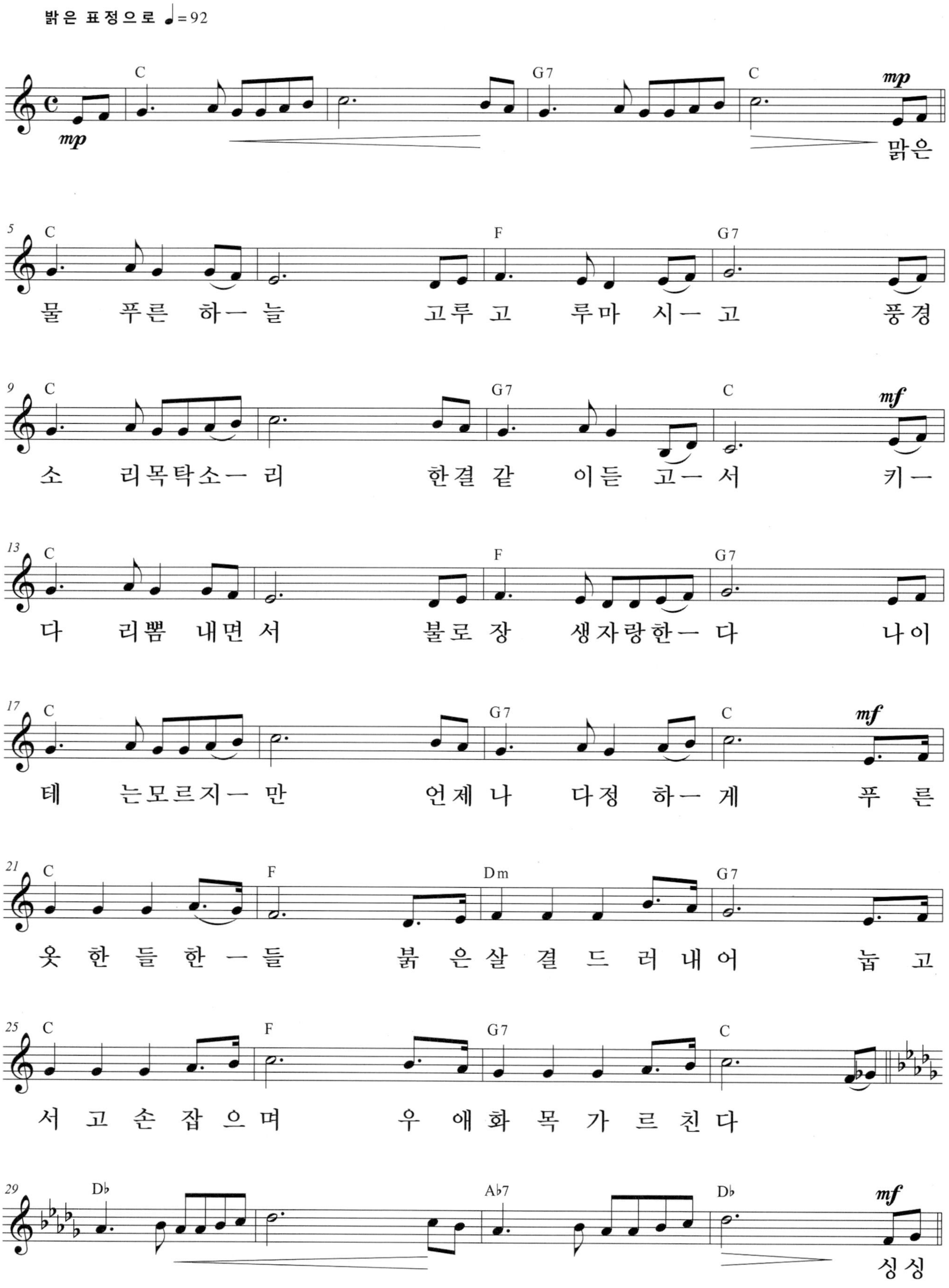
밝은 표정으로 ♩=92
C G7 C
mp mp
맑은
C F G7
물 푸른 하ー 늘 고루 고 루마 시ー 고 풍경
C G7 C
mf
소 리목탁소ー 리 한결 같 이듣 고ー 서 키ー
C F G7
다 리뽐 내면 서 불로 장 생자랑한ー 다 나이
C G7 C
mf
테 는모르지ー 만 언제 나 다정 하ー 게 푸 른
C F Dm G7
옷 한 들 한 ー 들 붉 은 살 결 드 러 내 어 눕 고
C F G7 C
서 고 손 잡 으 며 우 애 화 목 가 르 친 다
D♭ A♭7 D♭
mf
싱 싱

33
D♭ G♭ A♭7
한 가지 끼ㅡ 리 서로 서 로어깨동ㅡ 무 뙤ㅡ
37
D♭ A♭7 D♭
mf
약 볕가려주ㅡ 고 설한 풍 막아 주ㅡ 며 오 ㅡ
41
D♭ G♭ E♭m A♭7
가 는 사 람 에 게 협 력 봉 사 가 르 친 다 오 ㅡ
45
D♭ G♭ A♭ D♭
가 는 사 람 에 게 협 력 봉 사 가 르 친 다

알아차려 행복하기

산하 덕진스님 작사
강주현 작곡

고요하게 ♩=76
G D G C D G
mp
mf
내 마
내 마
5
G C G G C D Am
음 엔 아 름 답 고 화 ㅡ 사 한 미 ㅡ 소 도 있 고 내 마
음 엔 무 한 소 유 욕 망 집 착 탐 ㅡ 욕 도 있 고 내 마
9
C D G D G
음 엔 미 워 하 는 독 ㅡ 화 살 분 ㅡ 노 도 있 다 명 석
음 엔 자 비 보 시 선 행 실 천 나 ㅡ 눔 도 있 다 성 실
13
C G C D
한 지 혜 ㅡ 있 고 캄 ㅡ 캄 한 우 치 도 있 다 상 ㅡ
하 게 실 행 하 는 부 ㅡ 지 런 함 쌓 여 있 고 느 릿
17
G D Am D G
쾌 한 안 락 있 고 쓰 라 린 고 통 도 있 다 이 런
느 릿 행 동 하 는 게 으 름 도 들 어 있 다 이 ㅡ
21
G C G G C D Am
생 각 저 런 감 정 인 연 따 라 일 ㅡ 어 나 ㅡ 니 일 어
모 든 마 음 들 은 상 황 따 라 변 ㅡ 화 하 ㅡ 니 일 어
25
C D G D G
f
나 는 생 각 마 다 알 아 차 려 다 ㅡ 스 리 ㅡ 면 언

29 G D G C G D
제 나 밝은얼굴 모 두 가 행복일세 알 ―
33 G C 1. Am D G
아 차린그마음은 언 ― 제 ― 나 행복일세
37 2. Am D G G C
제 ― 나 행복일세 알 ― 아 차린그마음은 언 ―
41 Am D D G D G
rit.
제 ― 나 행복일세

알찬 실속

산하 덕진스님 작사
강주현 작곡

지혜로운 마음으로 ♩. = 48
G C D G mp
조
G C Am7 D G
상 님제사상에 ─ 올라 온밤 대─추 ─ 사─
G C D G mp
과배감참외토마토 ─ 나─란 히앉 았네 ─ 빨
G C Am7 D G
간 사과노란배 ─ 멋 진 참외가 하는말 ─ 우─
G C D G mf
리 는한 철 만 ─ 제사상 에오 르는데 ─ 쭈글
G C Am7 D f
쭈글주름진 대추야 ─ 희미한 색밤 톨 아 ─ 그대
G C Am7 D G
들은왜사시사 철 ─ 제사상 에오 르는가 ─
G C D G mp
작

33 G C Am7 D G
은 몸 매 밤 대 추 가 — 당 당 하 게 하 는 말 — 펄 —
37 G C D G mp
펄 끓 는 열 탕 에 도 — 영 양 가 잘 지 키 서 고 — 꽁
41 G C Am7 D G
꽁 언 추 위 에 도 — 모 양 새 잘 지 켜 서 — 사 시
45 G C D G mf
사 철 한 결 같 이 — 실 — 속 도 알 차 지 요 — 우 —
49 G C Am7 D f
리 모 두 겉 치 레 만 — 꾸 미 는 가 돌 아 보 자 — 실 —
53 G C Am7 D G
속 보 람 알 차 게 — 채 워 가 나 살 펴 보 자 — 채 워
57 Am7 D rit. G
가 나 살 펴 보 자 —

무상 알면 꽃길

산하 덕진스님 작사
강주현 작곡

마음을 모아서 ♩= 100
무 엇으 로 왔 다ㅡ가 무엇으로가 는 가
어 ㅡ디 서 왔 다ㅡ가 어찌살다가 는 가
내 몸도내가가진 것ㅡ ㅡ도 아침햇살이슬방 울
명 ㅡㅡ예ㅡㅡ도 사랑 함도 아침햇살이슬방 울
무상함을알고 나 면 무엇엔들집착하 랴
홀로아님알고 나 면 무엇엔들집착하 랴
잡념번뇌괴로움 은 마음에서일어 나 니
참ㅡ다운인생길 은 걸림없는자유 자 재
생 각마 음 닦 고닦아 마음자리맑 아지 면
얽 혀매 인 나 이업보 실ㅡ타래끊 고나 면
가 는길 마다 행 복의길 내생길도고 운꽃 길
가 는길 마다 행 복한길
내생길도고 운꽃 길 가 는길 마다 행 복한길
내생길도고 운꽃 길

봄날씨

산하 덕진스님 작사
최미선 작곡
강주현 편곡

Moderato ♩= 110
C F G C
f
C mp G F G
봄 비 가 보 슬 보 슬 산 도 들 도 적 셔 주 니
보 슬 비 그 ㅡ 치 고 따 사 로 운 햇 볕 이 비 쳐
C F G D G
길 섶 에 노 란 개 나 리 방 긋 방 긋 미 소 짓 고
새 싹 들 파 릇 파 릇 한 손 ㅡ 쏘 옥 내 ㅡ 민 다
C mf F G C
뜰 앞 에 하 얀 목 련 꽃 한 들 한 들 춤 춘 다 온 마 을
겨 울 이 긴 붉 은 설 중 매 맑 고 곱 게 빛 난 다 너 도 나 도
F f C G D G
어 른 아 이 좋 아 좋 아 희 망 노 래 신 난 다 봄 날 에
봄 ㅡ 날 씨 좋 아 좋 아 찬 양 노 래 신 난 다 봄 날 에
C G F G
비 내 려 도 좋 아 좋 아 햇 볕 나 도 좋 아 좋 아 내 마 음 엔
C mf F 1. G C
비 내 려 도 좋 아 좋 아 햇 볕 나 도 좋 아 좋 아
2. G f C
나 도 좋 아 좋 아

성취 축가

(취업, 합격, 승진, 개업, 생일,
창립, 결혼, 성공, 당선, 입주)

산하 덕진스님 작사
강주현 작곡

기쁜 마음으로 ♩= 110
Eb
Ab
Bb7
Eb
f
mf
맑 은 희 망 성 실 ㅡ 히 가 꾸 어 서 탄 탄 대 로
밝 은 원 력 충 실 ㅡ 히 가 꾸 어 서 고 운 꽃 길
이 어 지 는 ○ ○ ○ ○ ○ 을 축 하 합 니 다
펼 쳐 지 는 ○ ○ ○ ○ ○ 을 축 하 합 니 다
최 선 다 해 정 진 하 고 결 실 에 만 족 하 며
신 심 다 해 정 진 하 고 인 연 에 순 응 하 며
나 날 마 다 보 람 속 에 행 복 하 소 서
나 날 마 다 보 람 속 에
1.
2.
행 복 하 소 서 행 복 하 소 서
rit.
ff

어머님 교훈

산하 덕진스님 작사
강주현 작곡

뜻을 새기며 ♩=62

흙을
자식
파고 ㅡ 씨 ㅡ 뿌려야 ㅡ 행복 온다고하ㅡ시ㅡ니 동ㅡ
이ㅡ ㅡ 아ㅡ 프ㅡ면 ㅡ 백리 까지ㅡ도약을찾고 이웃
녘이 ㅡ 밝아 오면 ㅡ 밭ㅡ 갈고김 매면서 근면
사람 ㅡ 아ㅡ 프면 ㅡ 밤중 에도응 급치료 참사
성 실자작자 수 배우 고ㅡ익혔어ㅡ 요 책보
랑 솔선수ㅡ 범 몸소 실천하셨어ㅡ 요 안팎
기ㅡ힘겨우ㅡ 면 도랑 쓸고쇠꼴베어 라 되로
으로정직하ㅡ 게 온ㅡ 가족믿음주ㅡ 고 언제
글 배웠어ㅡ 도 말로 글 써야한ㅡ 다 교과
나 당당하ㅡ 게 헌신 하 신ㅡ어머 님 무량
공부성적보ㅡ 다 인내 실천길렀어ㅡ 요
으로크신교ㅡ 훈 시ㅡ
공에빛나네ㅡ 요 시ㅡ 공에빛 나네 요

여름날

산하덕진스님 작사
최미선 작곡
강주현 편곡

♩= 116
Bb Cm F Bb
Bb mf Eb F
길 ㅡ 고 긴 여 름 날 엔 뜨 거운정열 로
외 로 움 에 헤 매 일 때 달콤 하고시원스 런
Bb Cm F Bb
싱 그 러 움 듬 뿍 듬 뿍 담 아 주 세 요
애 ㅡ 정 의 샘 ㅡ 물 이 되 어 주 세 요
F Bb Cm C7 F
이 글 이 글 타 오 르 는 가 ㅡ 슴 ㅡ 에 ㅡ ㅡ ㅡ 다
고 ㅡ 된 일 짜 증 에 도 상 쾌 한 바 닷 바 람 되 어
Eb f Dm Eb F
시 원 한 소 낙 비 쭈 욱 쭈 욱 내 려 주 세 요
파 도 를 헤 쳐 가 며 달 ㅡ 려 ㅡ 오 ㅡ 세 ㅡ 요
Bb Cm F
뙤 약 볕 엔 양 산 되 고 땀 흘 릴 땐 부 채 되 고
Bb Cm 1. F Bb
폭 풍 우 땐 비 옷 까 지 되 어 드 리 오 리 라
2. F Bb
되 어 드 리 오 리 라

무상 알면 꽃길

산하 덕진스님 작사
박이제 작곡

신심을 가지고 생기있게 ♩= ca. 74
무 엇으로왔ㅡ다 가 무 었으로가ㅡ는 가
어 디서ㅡ왔ㅡ다 가 어 찌살다가ㅡ는 가
내 몸도 내ㅡㅡ 것 도 아 침햇살이슬방 울 무상함
명 예도 사ㅡ랑 함 도 아 침햇살이슬방 울 홀ㅡ로
을 ㅡ 알고나 면 무엇엔 들 집착하 랴 잡념번
아 님 알고나 면 무엇엔 들 집착하 랴 참ㅡㅡ
뇌 ㅡ 괴로움 은 마음에 서 일어나 니 ㅡ
다 운 인생길 은 걸림없 는 자유자 재 ㅡ
생 각마음닦고닦 아 마 음자리맑아지 면
얽 혀매인나의업 보 실 타래ㅡ끊고나 면
길 마다 행ㅡ복 한 길 내 생길도고운꽃 길
내 생길도고운꽃 길 내 생길도고운꽃 길

우리는 좋은 인연

산하 덕진스님 작사
강주현 작곡

Trot ♩ = 126
Fm Bbm Cm
Fm Ab Cm Fm
Fm Eb Db Cm
고 향이 어 디 냐 소 득이 얼 마 냐
어 디에 사 느 냐 가 족도 학 력 도
Fm Gm-5 Cm
묻 지 ㅡ 마 세ㅡㅡㅡ 요 ㅡ
묻 지 ㅡ 마 세ㅡㅡㅡ 요 ㅡ
Fm Db
건 강 한 몸 편안한 마 음
하 는 일 에 전ㅡ념 하 고
Bbm Fm Cm Fm
언 제 나 고운ㅡ 미 소 환ㅡ한 얼 굴
일 마 다 불만ㅡ 없 이 밝ㅡ은 모 습
Bbm mf Ab
가 나 오 나 생 각 하 고
자 나 깨 나 생 각 하 고
Bbm Eb7 Ab
존중배 려 한 다 ㅡ ㅡ 면 ㅡ
이해공 감 한 다 ㅡ ㅡ 면 ㅡ

33
Fm
Ab
Cm
우 리一 는 좋 은 인 연
37
Fm
3
Cm
한결같 이 사 랑一해 요 一
41
Fm
Ab
Cm
Fm
한 마一 음 한 결 같一 이
45
Eb7
Ab
Cm To Coda
Fm
D.C. al Coda
날 마 다 행복一 해一一一 요 一
49
Fm
Coda
요 一

우리 좋아라

산하 덕진스님 작사
최미선 작곡
강주현 편곡

♩= 116
C F G C
5 Dm Am
9 C mf F C
하 늘 맑 아 좋 아 라 ㅡ
13 Dm G C
산 이 푸 르 러 좋 아 라 ㅡ
17 C F C
그 대 마 음 내 마 음 이 ㅡ ㅡ
21 Dm F Am
서 로 통 해 더 욱 좋 아 라 ㅡ ㅡ
25 Am
가 는 이 오 는 이 우 리 모 두
29 Dm G Em
미 소 밝 아 좋 ㅡ 아 라 ㅡ

33
Am
C
부 모 형 제 서 로 서 로 ㅡ
37
Dm
C
사 랑 하 여 좋 아 라 ㅡ
41
Dm
f
Am
정 을 주 고 정 을 받 고
45
Dm
G
C
인 정 넘 쳐 좋 아 라 ㅡ
49
Dm
mf
G
Am
언 ㅡ 제 나 어 디 서 나
53
Dm
G
C
우 리 모 두 고 운 노 래 ㅡ
57
Dm
Am
같 이 불 러 좋 아 라 ㅡ

여름 텃밭

산하 덕진스님 작사
한수현 작곡

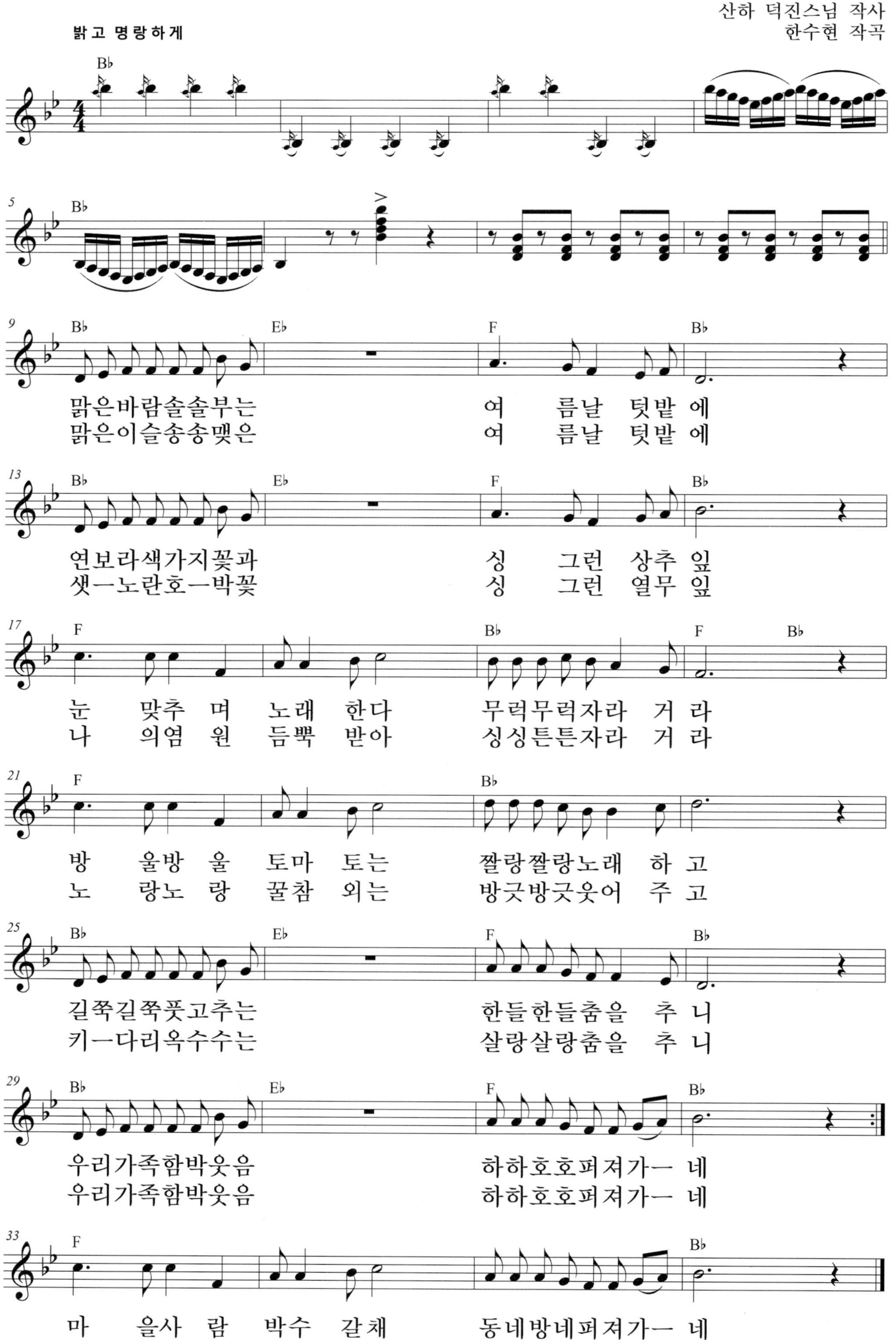
밝고 명랑하게
B♭
B♭
B♭ E♭ F B♭
맑은바람솔솔부는 여 름날 텃밭 에
맑은이슬송송맺은 여 름날 텃밭 에
B♭ E♭ F B♭
연보라색가지꽃과 싱 그런 상추 잎
샛ㅡ노란호ㅡ박꽃 싱 그런 열무 잎
F B♭ F B♭
눈 맞추 며 노래 한다 무럭무럭자라 거 라
나 의염 원 듬뿍 받아 싱싱튼튼자라 거 라
F B♭
방 울방 울 토마 토는 짤랑짤랑노래 하 고
노 랑노 랑 꿀참 외는 방긋방긋웃어 주 고
B♭ E♭ F B♭
길쭉길쭉풋고추는 한들한들춤을 추 니
키ㅡ다리옥수수는 살랑살랑춤을 추 니
B♭ E♭ F B♭
우리가족함박웃음 하하호호퍼져가ㅡ 네
우리가족함박웃음 하하호호퍼져가ㅡ 네
F B♭
마 을사 람 박수 갈채 동네방네퍼져가ㅡ 네

울산 갯마을

산하 덕진스님 작사
강주현 작곡

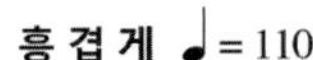
흥겹게 ♩=110

F Dm C7 F

5 F Dm Gm C7

여ㅡ명에오신ㅡ고 운햇 님ㅡ 어부를재촉하니ㅡ
이ㅡ마ㅡ시린ㅡ갯 바람 에ㅡ 가슴을열어놓고ㅡ
고ㅡ깃ㅡ배는ㅡ수 평선 에ㅡ 유유히앉ㅡ아서ㅡ

9 F Dm C7 F

잔ㅡ잔 한ㅡ 물 결위 에ㅡ 은빛배를타ㅡ고서
사ㅡ랑 도ㅡ 원ㅡ망 도ㅡ 시원스레날려버려
근 심걱 정ㅡ 씻 어내 고ㅡ 보람하나건ㅡ져서

13 F Dm Gm F

인 생 살 이 시 름 일 랑 꽁꽁꽁ㅡ묶어둔다ㅡ
하 늘 도 ㅡ 내 집 이 고 바다도ㅡ내것이다ㅡ
갈 매 기 ㅡ 장 단 따 라 노래가락흥겨워라ㅡ

17 F Dm 1. C7 F

오 ㅡ늘 은ㅡ 좋 ㅡ은 날ㅡ 참으로좋은세상ㅡ

21 2. C7 F D.C. 3. C7 F

참으로좋은세상ㅡ 참으로좋은세상ㅡ

25
F
Dm
C7
F
오 ㅡ늘 은ㅡ 좋 ㅡ은 날ㅡ 참으로좋은세상ㅡ

제주도 찬가

산하 덕진스님 작사
김희남 작곡

♩= 100
E A B E
5 E A B
한 라산 하 얀 눈 은 겨 울 이 지 만
한 라산 우 뚝 솟 아 찬 구 름 이 고
9 E A E
황 금빛 유 채꽃이 방 긋 웃 는 봄
망 망한 푸 른바다 오 뚝 한 범 섬
13 E B E F♯m B
해 녀 의 물 장구는 여 름 철 이 네
드 넓 은 보 리밭을 돌 담 이 감 싸고
17 E A B
길 섶 의 황 금밀 감 가 을 이 로 세
천 지 연 폭 포수 의 시 원 한 노 래
21 G♯m C♯m F♯m B
아 이 — 진풍경 동 시에 보— 니
아 이 — 모두를 한 눈에 보— 니
25 E A B E
사 계 절 동 시감 상 신 비 로 운 제 주 도
29 E A B C♯m E
팔 도강 산 함 께모 인 보 배 로 운 제 주 도 아

태화강 십리대숲

산하 덕진스님 작사
김희남 작곡

♩= 100
Am Dm E7
인 심ㅡㅡ따 라 절 로ㅡ절 로 흐 르 ㅡ 는ㅡ물 티끌
계 절ㅡㅡ마 다 싱 싱ㅡ하 게 푸 른 ㅡ 나ㅡ무 집착
5 Am Dm E7 Am
없 이 맑고 밝 ㅡ 게 살 자 ㅡ 하ㅡ고
없 이 인연 따 ㅡ 라 살 자 ㅡ 하ㅡ고
9 Dm Am G7 E7
철 따라서 향기롭ㅡ게 피 는 꽃 은 ㅡ
삶 의열기 식혀주ㅡ는 은 은 한 바 람
13 Dm Am E7
바 램 없ㅡ이 곱 게 곱ㅡ게 살 자 하 네
걸 림 없ㅡ이 자 유 롭ㅡ게 살 자 하 고
17 Am Dm E7 Am
자 유 간ㅡ격 줄 지어선 대 나 무ㅡ 는
부 름 없ㅡ는 대 숲길을 걷 는 사ㅡ 람
21 Dm Am E7 Am
사 견없이 곧 게곧게 살 ㅡ자 하 네
나 날마다 행 복하게 살 ㅡ자 하 네

토마토

산하 덕진스님 작사
최미선 작곡
강주현 편곡

생기있게 ♩= 116
C
Dm
G
C
mf
sf
이 른 아 침 에 눈 ㅡ 비 비 고 텃 밭 으 로 가 ㅡ 면
작 은 등 불 로 가 ㅡ 지 마 다 초 롱 초 롱 빛 난 다
F
C7
f
자 비 스 런 우 리 스 님 안 녕 하 세 요 푸 른 보 석 이 라 마 음 정 갈 하 구 나
Em
D
상 쾌 한 인 사 로 아 침 을 열 고 나 날 이 쓰 다 듬 어 정 쏟 아 두 면
빨 ㅡ 갛 ㅡ 게 익 은 사 ㅡ 랑 환 상 으 로 맛 을 맺 어
온 ㅡ 가 ㅡ 족 입 ㅡ 속 으 로 향 기 가 핀 ㅡ 다

불법승(佛法僧) 찬양노래

산하 덕진스님 작사
함현상 작곡

나 모 땃 사 ㅡ ㅡ 바 가 와 또 ㅡ ㅡ 아 라 하 또 ㅡ ㅡ
삼마삼붓ㅡ다사ㅡ ㅡ ㅡ ㅡ 거룩하신이여ㅡ공경받으실 이 ㅡ 여 ㅡ
바르게 ㅡ깨달으ㅡ신 이 ㅡ 여 ㅡ 세ㅡ상에 ㅡ모든번ㅡ뇌 여의신부처님 ㅡ
믿고따라찬양하ㅡ며 부 르 는 노 래 ㅡ 온 세상울려퍼ㅡ져ㅡ지혜 복덕가득하리 ㅡ붓
다 의 ㅡ 길 찾 ㅡ 고 찾아 ㅡ떠나네 걸음 걸ㅡ음ㅡ걸음걸ㅡ음나아가 니 ㅡ ㅡ 내

자 신 ㅡ 도 청 ㅡ 정 평 안 ㅡ ㅡ 이 ㅡ 웃 들 도 ㅡ 평 ㅡ 화 로 ㅡ 워 ㅡ ㅡ 너
나 함 ㅡ 께 기 ㅡ 쁨 충 만 ㅡ 불 ㅡ 국 정 토 여 기 일 세 ㅡ ㅡ
붓 담 사 라 남 가 차 미 ㅡ 담 맘 사 라 남 가 차 미 ㅡ 상 감 ㅡ 사 라 남 ㅡ
가 차 ㅡ ㅡ 미 ㅡ ㅡ ㅡ ㅡ 바 ㅡ 르 게 ㅡ 깨 달 으 ㅡ 신 부 처 님 ㅡ
그 ㅡ 의 ㅡ 발 ㅡ 아 래 로 가 옵 니 다 ㅡ 가르침과 ㅡ 모든구도자 들 에 게 귀 의 하 며
불 ㅡ 법 승 찬 양 노 ㅡ 래 날 마 다 함 께 불 러 ㅡ 연 꽃송이 ㅡ 미소짓 ㅡ 듯 ㅡ 자비 복락피어나고 ㅡ 아
침 햇 ㅡ 살 환 ㅡ 희 비 춰 ㅡ 오 ㅡ 듯 중 생 마 ㅡ 음 ㅡ 모두모 ㅡ 두밝아지 네 ㅡ ㅡ 모

55
D F♯m G A
f mf
든 불 자 들 향 — 기 롭 고 — — 온 — 갖 생 명 — 싱 — 그 러 — 워 — — 너

59
D F♯m G Am D
f mf
나 함 — 께 기 — 쁨 충 만 — 불 — 국 정 토 여 기 일 세 — — 모

63
D F♯m G A
f mf
든 불 자 들 향 — 기 롭 고 — — 온 — 갖 생 명 — 싱 — 그 러 — 워 — — 너

67
D F♯m G A D
f mf f
나 함 — 께 기 — 쁨 충 만 — 불 — 국 정 토 여 기 일 세 — — 불 국

71
Em A G Gm D
정 토 여 기 일 세 — 여 기 일 세 — — — —

고이고이 가옵소서

산하 덕진스님 작사
김희남 작곡

♩= 76
아 아 아 아 아 아 아
아 아 아 아 아 아 아 아 아 아
미련도 놓고 후회도 놓고 얽 힌사연도놓 고
지一장 보살 원一력 으로 업장 고통사라지 고
생 사고해 벗 어나서 인 연따一라 가는님이여
마 음속에 맺 힌一한 봄 눈녹一듯 사 라져서
허공같은청정본성 바 로보아 흔 들림없이 가 시는길
아미타불영접받아 자 유자재 해 탈경一지 이 루소서
걸 림없 는 바 람처럼 청 아하 게 가 옵소서
고 一요 한 열 반경지 고 이고 이 이 르소서

Bm
Em
F♯
C♯m(-5)
G
D+
BmM7
Em7
rit.
순ㅡ풍 타고 별빛따 ㅡ라 훨훨 날아가옵소 서
배 웅하는 저 희들도 애 별리ㅡ고 넘 고넘어
나날마다인연따라 담 담하게 사 ㅡ오ㅡ리 다 ㅡㅡ아
나 날마 다 인 연따라 담 담하 게 사 오리다
생명과 영혼의 인도자이신 부 처님 께 귀의합니다

나는 본래 누구인가

(본래 근본 무엇인가)

산하 덕진스님 작사
강주현 작곡

보통 빠르기로 ♩= ca. 68

나 ー
내 ー
는 ー 본 래 누 구 인 가 어 디 에 서 왔 ー 는 가 본
전 ー ー 생 무 엇 이 고 어 떤 인 연 있 었 을 까 남
것 ー ー 은 무 엇 이 며 어 디 ー ー 로 가 고 있 나 부 모
은 ー 생 엔 무 얼 할 까 내 생 ー 엔 어 디 로 가 나 나 도
님 이 주 신 이 몸 무 ー 엇 을 해 야 할 까 민
너 도 인 생 살 이 행 ー 복 을 누 려 야 지 욕
족 ー 자 손 국 민 도 리 온 전 ー ー 히 다 해 야 지 잡
망 ー 집 착 분 별 심 도 모 두 ー 모 두 버 려 야 지 맑
념 ー 번 뇌 버 리 고 서 가 나 ー 오 나 한 결 같 이 온
은 ー 경 지 고 요 속 에 내 본 ー ー 성 찾 아 야 지 한
생 ー ー 각 집 중 하 고 그 ー 생 각 알 아 차 려 내
생 ー ー 각 몰 입 하 고 그 ー 마 음 알 아 차 려 내

29
B♭ F C7 F
마 ㅡ 음 속 불 성 보 니 내 자 ㅡ 신 이 본 래 부 처 자
33
B♭ F
1.
C7 F
비 ㅡ 지 혜 완 전 행 복 온 누 리 가 평 화 세 상
37
2.
C7 F B♭ F
리 가 평 화 세 상 자 비 ㅡ 지 혜 완 전 행 복 온 누
41
C F C F
rit.
리 가 평 화 세 상

귀뚜라미

산하 덕진스님 작사
김희남 작곡

♩. = 40
A
E
Bm
A
끼 르르 끼ㅡ르르 정 진삼 매 에 ㅡ
D
E
동 참하는 귀 뚜라미 청ㅡ순한 노 래 ㅡ
C♯m
B7
관 세음 보 살 ㅡ 관 세음ㅡ 보살 ㅡ
염 불소ㅡ리 노래소리 노 래소ㅡ리 염불소리
F♯m
내가귀뚜라미되 고 귀 뚜라미는 내가된다
내가귀뚜라미되 고 귀 뚜라미는 내가된다

동련회가

산하 덕진스님 작사
이종만 작곡
강주현 편곡

장엄하게 ♩= 106
언 그
제 나 진 흙 탕 에 물 듬 없 는 연 ㅡ 꽃 같 이 어 디
물 에 걸 림 없 는 바 람 같 이 자 ㅡ 유 롭 게 쉬 지
서 나 맑 은 미 소 강 ㅡ 건 한 햇 ㅡ 살 같 이 자 비
않 고 흘 러 가 는 강 물 처 럼 한 ㅡ 결 같 이 슬 기
롭 고 진 ㅡ 실 ㅡ 한 참 나 를 찾 ㅡ 아 가 요 다 ㅡ
롭 고 여 유 로 ㅡ 운 참 나 를 찾 ㅡ 아 가 요 다 ㅡ
함 께 손 ㅡ 잡 고 좋 은 인 연 이 루 어 서 온 ㅡ
함 께 뜻 을 모 아 밝 은 세 상 이 루 어 서 이 ㅡ
세 계 주 인 되 자 우 리 동 련 청 소 년
나 라 주 역 되 자 우 리
동 련 청 소 년

보시 바라밀

산하 덕진스님 작사
한수현 작곡

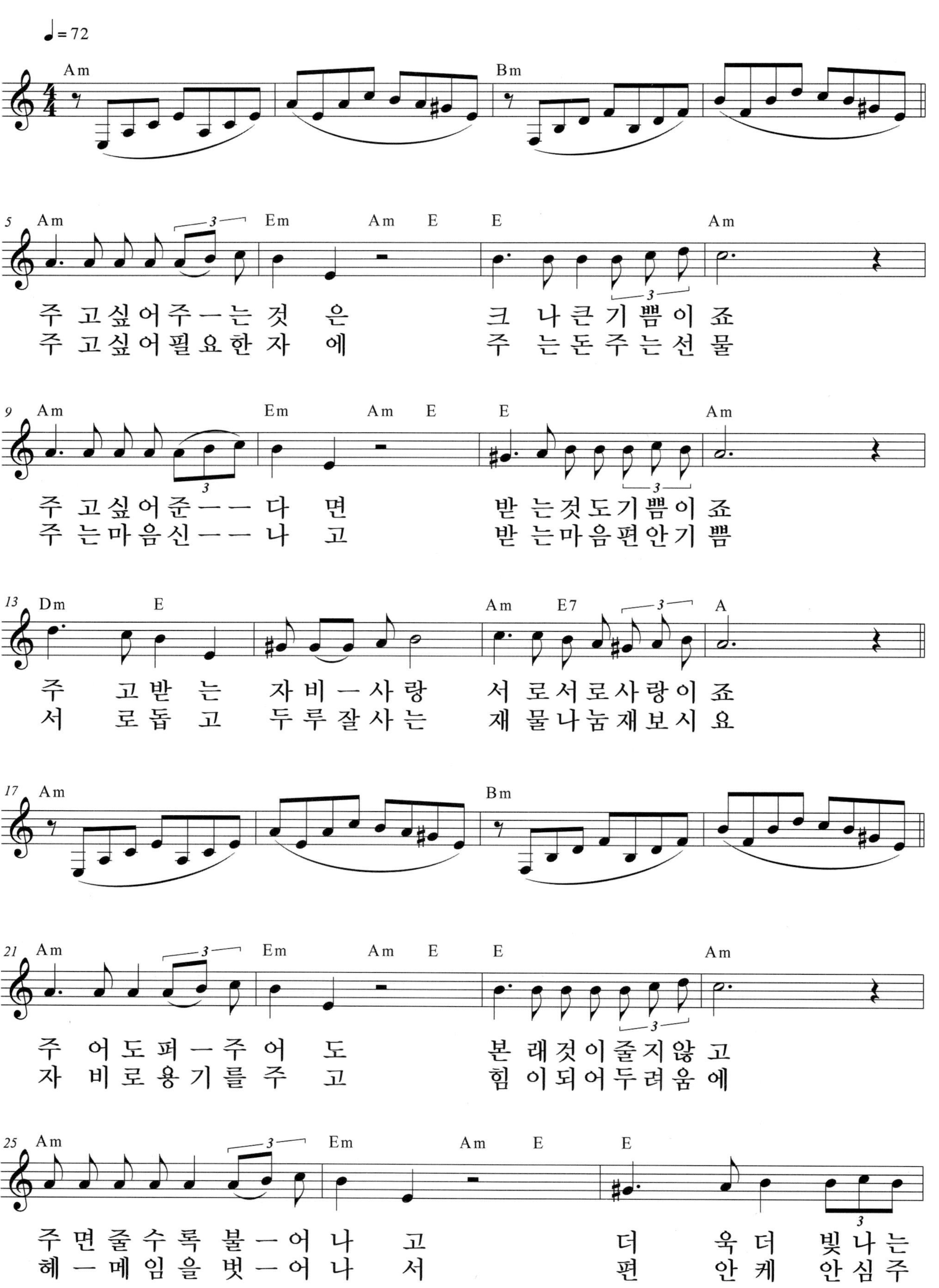
♩=72
주 고 싶 어 주 ㅡ 는 것 은 크 나 큰 기 쁨 이 죠
주 고 싶 어 필 요 한 자 에 주 는 돈 주 는 선 물
주 고 싶 어 준 ㅡ ㅡ 다 면 받 는 것 도 기 쁨 이 죠
주 는 마 음 신 ㅡ ㅡ 나 고 받 는 마 음 편 안 기 쁨
주 고 받 는 자 비 ㅡ 사 랑 서 로 서 로 사 랑 이 죠
서 로 돕 고 두 루 잘 사 는 재 물 나 눔 재 보 시 요
주 어 도 퍼 ㅡ 주 어 도 본 래 것 이 줄 지 않 고
자 비 로 용 기 를 주 고 힘 이 되 어 두 려 움 에
주 면 줄 수 록 불 ㅡ 어 나 고 더 욱 더 빛 나 는
헤 ㅡ 메 임 을 벗 ㅡ 어 나 서 편 안 케 안 심 주

28 Am Dm E
것 부 ㅡ처 님 가르 침을
면 마 음노 력 주고 받는
31 Am E Am
rit.
전 달 하 는 법ㅡ보 시 요
최 상 공 양 무외보 시 요
♩. = 48
33 A E A
부 처님 따라가는 나 눔봉 사행복의길
35 E E7
부 처님 세ㅡㅡ상 지 어가는 ㅡ
♩ = 56
37 A E A
참 좋 은 보시바라밀

동해 갯마을

산하 덕진스님 작사
강주현 작곡

흥겹게 ♩=110
F Dm C7 F
F Dm Gm C7
여ㅡ명에오신ㅡ일 광보 살ㅡ 어부를재촉하니ㅡ
이ㅡ마ㅡ시린ㅡ갯 바람 에ㅡ 가슴을열어놓고ㅡ
고ㅡ깃ㅡ배는ㅡ수 평선 에ㅡ 유유히앉ㅡ아서ㅡ
F Dm C7 F
잔 ㅡ잔 한ㅡ 물 결위 에ㅡ 은빛배를타ㅡ고서
사 ㅡ랑 도ㅡ 원 ㅡ망 도ㅡ 시원스레날려버려
근 심걱 정ㅡ 씻 어내 고ㅡ 보람하나건ㅡ져서
F Dm Gm F
3
인 생 살 이 시 름 일 랑 꽁꽁꽁ㅡ묶어둔다ㅡ
하 늘 도 ㅡ 내 집 이 고 바다도ㅡ내것이다ㅡ
갈 매 기 ㅡ 장 단 따 라 노래가락흥겨워라ㅡ
F Dm 1. C7 F
오 ㅡ늘 은ㅡ 좋 ㅡ은 날ㅡ 참으로좋은세상ㅡ
2. C7 F D.C. 3. C7 F
참으로좋은세상ㅡ 참으로좋은세상ㅡ
F Dm C7 F
오 ㅡ늘 은ㅡ 좋 ㅡ은 날ㅡ 참으로좋은세상ㅡ

보시 바라밀

산하 덕진스님 작사
김희남 작곡

♩= 100
주 고싶어주는것 은 크나큰기쁨이죠 아하
주 고싶어필요한 자에 주는돈주는선물 아하
주 고싶 어 준ㅡ다면 받는것도기쁨이죠 아하
주 는마 음 신ㅡ나고 받는마음편안기쁨 아하
주고받는자비사랑서 로서로 사 랑이 죠
서로돕고두루사는재 물나눔 재 보시 요
주 어도 펴주어 도 본래것이줄지않ㅡ고
자 비로 용기주 고 힘이되어두려움ㅡ에
주면줄수록불어나 고 더 욱더빛나는것
헤ㅡ매임을벗어나 서 편 안케안심주면
부 ㅡ처 님 가르 침을 전달하는법보시요 아하아하
마 음노 력 주고 받는 최상공양무외보시 아하아하
부ㅡ처님따라가는 나눔봉사행복의길 부 처님 세 상
참 좋 은 보 시 바 라 밀
바 라 밀 아하

사종(四種)의 거울

산하 덕진스님 작사
강주현 작곡

행복한 마음으로 ♩=72
일 ― 한
흔 적 줄 무 늬 로 선 ― 명 한 ― 내 ― 얼 굴 유 리 거
울 에 비 춰 보 며 맑 ― 게 ― 곱 게 가 꾸 어 요 허 튼 말
씨 ― 고 저 장 단 자 세 히 ― 보 여 주 는 녹 음 기
거 ― 울에비춰보 며 바 른 말 고운말로고쳐가 요 선 과
악 을 비 춰 주 는 업 ― 경 ― 대의거울보 며 죄 업
참 회 선 행 실 천 복 된 나 ― 날 지 어 가 요 마 음 의
명 ― 암 비 춰 보 는 선 ― 정 ― ― 거 울 에 잡 념 없

33
B♭m
E♭m
Fm
B♭m
f
이 ㅡ 집 중 하 ㅡ 여
지 혜 안 ㅡ 강 열 어 가 요
언 제
37
B♭m
E♭m
Fm
나 어 디 서 ㅡ 나
사 종 거 ㅡ 울 보 고 보 면
근 심
41
B♭m
E♭m
B♭m
f
번 뇌 사 라 지 고
삶 이 날 ㅡ 로 행 복 해 요
근 심
45
B♭m
E♭m
Fm
rit.
B♭m
번 뇌 사 라 지 고
삶 이 날 ㅡ 로 행 복 해 요

불법승 찬양노래

산하 덕진스님 작사
한수현 작곡

굿거리풍으로
불 법 승 ㅡ ㅡ 믿 고 따 르 니
불 법 승 ㅡ ㅡ 찬 양 노 ㅡ 래
기 쁨 충 만 노 래 절 로 온 세 상 ㅡ ㅡ 울 려 퍼 져
나 날 마 다 함 께 불 러 연 꽃 송 ㅡ 이 미 소 짓 듯
자진모리풍으로
지 혜 복 덕 충 만 하 네 붓 다 의 길 찾 고 찾 아
자 비 복 락 피 어 나 고 아 침 햇 살 비 춰 오 듯
걸 음 걸 음 나 아 가 니 내 자 신 도 청 정 평 안
중 생 마 음 밝 아 지 네 불 ㅡ 자 들 향 기 롭 고
rit.
굿거리풍으로
이 웃 들 도 평 화 로 워 ㅡ 너 나 함 ㅡ 께 기 쁨 충 만
온 갖 생 명 싱 그 러 워 ㅡ
불 국 정 토 이 루 어 요 너 나 함 ㅡ 께 기 쁨 충 만
불 국 정 토 이 루 어 요 불 국 정 토 이 루 어 요

빌고 빌어요

산하 덕진스님 작사
이종만 작곡

봄
바 람에 흩날리 는 벚 꽃 처 럼 우리
엄 마 근심걱 정 흩 어지기 를 개나
리 꽃 생글생 글 피 어ㅡ나듯 이
우리아 빠 하시는 일 피 어ㅡ나기 를
하 얀목련 반짝반 짝 빛 이나듯 이
내 마음도 티끌없 이 맑 아ㅡ지기 를
자비미 소 부처님 께 빌 고ㅡ빌어 요
햇 님 이 뜰때마 다 빌 고ㅡ빌어 요
햇 님 이 뜰때마 다 빌 고ㅡ빌어 요

산딸기

산하 덕진스님 작사
조영근 작곡
강주현 편곡

Moderato ♩= 100
미 륵 부 처 서 서 계 신 옛 절 언 — 덕 에
베 롱 나 무 꽃 이 피 는 옛 절 언 — 덕 에
산 딸 기 가 — 조 롱 조 롱 — 익 고 있 — 어 요
산 딸 기 가 — 새 빨 갛 게 — 익 고 있 — 어 요
부 처 님 께 공 — 양 올 — 릴 빨 강 산 — 딸 — 기
부 처 님 께 공 — 양 올 — 릴 맛 있 는 — 딸 — 기
청 설 모 도 — 다 람 쥐 도 — 보 고 갔 — 어 요
산 까 치 도 — 고 양 이 도 — 그 냥 갔 — 어 요
자 연 사 랑 — 생 명 사 랑 — 부 처 님 — 말 씀
미 소 — 짓 는 미 륵 — 부 처 웃 고 계 — 셔 요
웃 고 계 — 셔 요

서원

(기꺼이 하오리다)

산하 덕진스님 작사
김희남 작곡

Am Dm G Am
자 기 주 장 과 오만함 에 빠진 캄 캄 한 어 둠
말 과 글 들 의 시ㅡ비 에 걸려 실 천 없는 어리석 음
5 Dm7 Am Bm7 E Am
이 몸 이 촛불 되어 기 꺼 이 밝히오리다
반 야 의 보살 되어 기 꺼 이 건지오리다
9 Am C F Am Bm7 E Am
향 락 에 배 인 악 취 지 식 에 찌든냄ㅡ새
아 만 과 질 투 증 오 깨 끗 이 지ㅡ워ㅡ서
13 Dm E Am E Bm7 Am
해 탈 의 향 이되어 맑 히 오 리ㅡ다
자 비 행 쉴 새없이 행 하 오 리ㅡ다
17 Am C F Am Bm7 E Am
지 나간 모 진기억 다 가올 근심까ㅡ지
21 Dm E Am E Bm7 E Am
맑 고맑 은 물 이되어 씻 으 오 리ㅡ다

알아차려 행복하기

산하 덕진스님 작사
강주현 작곡

고요하게 ♩=76
G D G C D G
mf mp
내 마
내 마
G C G G C D Am
음 엔 아 름 답 고 화 ㅡ 사 한 미 ㅡ 소 도 있 고 내 마
음 엔 무 한 소 유 욕 망 집 착 탐 ㅡ 욕 도 있 고 내 마
C D G D G
mf
음 엔 미 워 하 는 독 ㅡ 화 살 분 ㅡ 노 도 있 다 명 석
음 엔 자 비 보 시 선 행 실 천 나 ㅡ 눔 도 있 다 성 실
C G C D
한 지 혜 ㅡ 있 고 캄 ㅡ 캄 한 우 치 도 있 다 상 ㅡ
하 게 실 행 하 는 부 ㅡ 지 런 함 쌓 여 있 고 느 릿
G D Am D G
mp
쾌 한 안 락 있 고 쓰 라 린 고 통 도 있 다 이 런
느 릿 행 동 하 는 게 으 름 도 들 어 있 다 이 ㅡ
G C G G C D Am
생 각 저 런 감 정 인 연 따 라 일 ㅡ 어 나 ㅡ 니 일 어
모 든 마 음 들 은 상 황 따 라 변 ㅡ 화 하 ㅡ 니 일 어
C D G D G
f
나 는 생 각 마 다 알 아 차 려 다 ㅡ 스 리 ㅡ 면 언

29 G D 3 G C G 3 D
제 나 밝 은 얼 굴 모 두 가 행 복 일 세 알 ㅡ
33 G 3 C 1. Am D 3 G
아 차 린 그 마 음 은 언 ㅡ 제 ㅡ 나 행 복 일 세
37 2. Am D 3 G G 3 C
제 ㅡ 나 행 복 일 세 알 ㅡ 아 차 린 그 마 음 은 언 ㅡ
41 Am D D G D G rit. 3
제 ㅡ 나 행 복 일 세

언제나 기쁨

산하 덕진스님 작사
박이제 작곡

Andantino 서정적이며 사랑스럽게 ♩= ca. 72
지 — 혜 — 의 광 명 으 로 청 정
한 — 생 — 각 집 중 하 여 본 래
본 심 을 보 — 아 서 내 자 신 을 다 시 — 보
본 심 을 찾 — 으 니 찌 든 번 뇌 사 라 — —
니 — 근 심 고 뇌 사 — 라 지 네 나 의
지 고 맑 은 마 음 여 — 여 하 네 지 난
길 — 너 의 뜻 알 — 아 서 로 인 연 에 순 응 하
일 — 다 가 올 — 일 모 두 말 끔 히 씻 어 내
면 고 운 미 — 소 밝 은 얼 — 굴 언 제
고 인 연 따 — 라 살 아 가 — 리 언 제
나 — 기 쁨 일 세 왕 위 도 벗 어 놓 고 떠
나 — 기 쁨 일 세 향 락 과 고 행 다 — 이
나 신 부 처 님 을 따 라 — 서 욕 망
기 신 부 처 님 을 따 라 — 서 번 뇌

25
D
Bm
A
집 착 벗 어 ㅡ 나 면 내 ㅡ 맘 이 극 락이
망 상 벗 어 ㅡ 나 면 내 ㅡ 삶 이 평 안이
28
To Coda
A
D
Bm
Gm-5
A
D
A
오 우 리 모 두 웃 음 꽃 ㅡ 피 ㅡ 는 불 국
오 우 리 모 두 행 복 한 ㅡ 나 ㅡ 날 불 국
31
mf
Bm
D.S. al Coda
D
Coda
A
정 토 이 뤄 보 세 정 토 이 뤄 보
34
D
A
rit.
D
세 불 국 정 ㅡ 토 이뤄 보 세

염불마음 행복나날

산하 덕진스님 작사
강주현 작곡

마음을 모아서 ♩= 110
샘물처럼ㅡ맑디맑 은ㅡ 본래지닌ㅡ내마음 을ㅡ
햇살처럼ㅡ밝디밝 은ㅡ 본래있는ㅡ마음씨 를ㅡ
부처님만ㅡ생각하 며ㅡ 가만가만ㅡ찾아보 자ㅡ
부처님께ㅡ절올리 며ㅡ 간절하게ㅡ찾아보 자ㅡ
맑 은 마 음 뒤ㅡ덮은ㅡ 뭉 치 뭉 치 욕심덩이ㅡ
지 혜 마 음 흐려놓은ㅡ 캄 ㅡ 캄 한 어리석음ㅡ
편 한 마 음 뒤흔드는ㅡ 활활타는성냄불꽃
자 비 마 음 가로막는ㅡ 울컥울컥미움원망
부 처님 만 생각하 면 모두모두사라져서
부 처님 만 생각하 면 모두모두사라져서
맑 고고 운 마 음되 어 나날마다행복해요
자 비지 혜 마 음되 어
나날마다행복해요 나무석가ㅡ모니불
나무석가ㅡ모니불 나무시아ㅡ본ㅡ사 석
rit.
가 모 니 불

운문사 소나무

산하 덕진스님 작사
최미선 작곡
강주현 편곡

밝고 힘차게 ♩=110
C
F
G
C
5
C
F
G
C
높 은 하늘 외 면 하고 땅 이 좋 아 도량좋아ㅡ
9
F
Dm
G
C
사 계절ㅡ 몽글몽글ㅡ 사방으로자 라 요
13
F
C
Dm
D7
G
자비롭고지혜로운 부처님이좋아서 맑은눈빛합장하신 스님들이좋아서
17
C
F
G
C
염 불 독경 함 께 하고 싱 싱 몸 매 가 꾸며ㅡ
21
F
D7
G
A
D
C
G
C
언제나 손님맞이 터지킴이될래요 마음집중공부하여 부처님이될래요

육법공양(六法供養)

산하 덕진스님 작사
강주현 작곡

엄숙하게 ♩=64

향 기 로 운 해 탈 의 ― 향 공 양 올 려 얽 힌 번 ― 뇌
고 ― 운 꽃 만 ― 행 ― 화 공 양 올 려 나 쁜 행 ― 실
벗 어 나 서 맑 은 경 ― 지 대 ― 자 유 누 리 리 ― 다
버 리 고 서 곱 고 바 ― 른 착 한 행 실 하 오 리 ― 다
밝 은 등 불 지 혜 의 등 공 양 올 려 우 치 어 ― 둠
싱 싱 열 매 불 심 과 일 공 양 올 려 중 생 마 ― 음
사 라 져 ― 서 지 혜 롭 ― 게 밝 은 세 상 이 ― 루 리 다
벗 어 나 ― 서 성 인 경 ― 지 붓 다 마 음 되 ― 오 리 다
맑 ― 은 차 감 로 다 ― 로 공 양 올 려 갈 증 병 ― 고
좋 은 쌀 밥 선 ― 열 ― 미 공 양 올 려 잡 념 번 ― 뇌
벗 어 나 서 편 ― 안 ― 한 몸 과 마 음 되 렵 니 ― 다
사 라 져 서 고 요 롭 ― 고 안 락 하 게 되 렵 니 ― 다
온 세 상 에 항 ― 상 계 신 부 처 님 과 가 르 침 과
스 님 들 께 정 성 다 해 예 배 공 양 올 립 니 ― 다
예 배 공 양 올 립 니 ― 다 예 배 공 양 올 립 니 ― 다

은월산 정토사

산하 덕진스님 작사
강주현 작곡

생기있고 발랄하게 ♩= 110

은월산품 안 에 삼 천부 처 님
황금빛밝 은 미 소로 이끌어주 시 고
등 뒤엔울창 한 숲 청 청한ㅡ 기 운
솔 솔바 람 이 성큼성큼ㅡ밀어준 다
욕 망집 착 찌 든번뇌 모 두다ㅡ씻어내 고
좋은나라ㅡ지혜봉 에 어 서 가 라 고
매 암 맴 찌 르르 나 무 아미타 불
땡 그랑 땡 ㅡ땡 나 무 아미타 불
염불노래같이 불 러 왕생극락ㅡ함께한 다
맑은마음ㅡ고운세 상 ㅡ여기가 바 로 ㅡ극락일 세
집착번뇌ㅡ벗어나 니 ㅡ여기가 바 로 ㅡ극락일 세
rit.

정토사가(淨土寺歌)

산하 덕진스님 작사
박이제 작곡

표정과 신심을 가지고 ♩=ca. 69
태 화
강 남 산 굽 어 보 며 온 ㅡ 시 ㅡ 민 품 은 도 량 지 혜 수
님 진 신 사 ㅡ 리 탑 불 ㅡ 법 향 기 가 득 한 절 잘 ㅡ 배
행 일 깨 우 면 부 처 님 길 행 복 세 상 자 ㅡ 비
워 신 행 하 고 인 연 따 라 마 음 닦 아 근 심 고
복 덕 많 이 ㅡ 지 어 밝 은 소 원 이 루 는 절 모 든 번
통 사 라 지 ㅡ ㅡ 니 청 정 본 심 뚜 렷 하 네 온 ㅡ 국
뇌 씻 어 ㅡ 내 며 현 세 안 락 내 세 극 락 지 심
민 슬 기 ㅡ 롭 게 편 안 하 게 화 합 번 영 온 ㅡ
발 원 평 화 세 상 지 어 가 는 정 토 ㅡ 사 부 처
누 리 불 국 정 토 이 뤄
가 는 정 토 ㅡ 사

29
B♭ F7 B♭ B♭ mp B♭7 Gm Dm
3
한 반 도 동 남 좋 ㅡ 은 터 부 ㅡ
33
Cm C7 F B♭ Gm E♭ Em7-5
3 3
처 님 가 호 ㅡ 도 량 무 량 중 생 구 제 하 는 불 ㅡ
37
B♭ Dm7 B♭ mp F B♭
3 3
법 승 민 고 따 라 자 ㅡ ㅡ 기 마 음 알 아 차 려 한 결
41
F E♭ f Em-5
3 3
같 이 다 스 러 서 악 업 재 난 사 라 ㅡ 지 고 맑 은
45
F7 Am Em6 rit. F a tempo mf B♭ Dm Gm Em
마 음 고 운 나 라 길 이 길 이 안 락 세 상 지 어
49
F B♭ F7 Cm rit. C7 F7 B♭ f
가 는 울 산 정 토 사 지 어 가 는 울 산 정 토 사

해탈경지 이르소서

산하 덕진스님 작사
김희남 작곡

♩= 80
Cm Cm C7 Fm G
시 시각 각 변화하 는 무 상한 인 연이요
님 의마 음 맑고밝 은 본 성품 그 대로니
Cm Cm Ddim G7 Cm
서 로서로 의존하 는 홀로아닌인 연이 요
인 생살이 애착집 념 미련없이벗 어놓 고
Cm A♭ Ddim G
인 연따 라 고 이고이 떠나시는영 가시 여
부 처님 의 인 도받아 부처님의손 을잡 고
Cm Cm Ddim G7 Cm
님의육 신 인 연대로 생로병사지나갔어 요
가나오 나 자 유로운 해탈경지이ㅡ르소 서
Cm Cm Cm Cm
나무아미타 불 나무아미타 불
Cm Cm Cm Cm
rit.
나무아미타 불 나무아미타 불

山河 德眞(金鉉洙)스님

- 통도사 승려
- 범어사 승가대학 졸업, 춘해대 사회복지과 졸업
  동국대 불교문화대학원 선서화과 전공 수료
- 부산 금화사 주지, 울산 보명사 주지
- 대한불교조계종 조계종 정토사 창건주(1988~현재)
- 통도사 극락암, 감포 관음사 무문관,
  김해 근본불교 위빠사나 수행 선원 등 십여 안거 성만
- 대한불교어린이지도자연합회 회장(1999~2000)
- 노인무료급식소 '참좋은 세상' (2004년~현재) 설립 운영 중
- 울산남구종합사회복지관장 역임(2007~2010)
- 1992년 〈문학세계〉 등단 시인 / 2007년 〈한국수필〉 등단 수필가
- 울산광역시 조계종사암연합회장(2008~2015, 14~16대) 역임
- 사단법인 울산광역시 불교종단연합회 창립, 회장(2009~2016) 역임
- 정토불교대학 학장(1997~현재)
- 울산경찰청 경승실장(2001~현재)
- 사단법인 참좋은세상(장학 봉사 복지단체) 대표(2012~현재)
- 울산스윙스야구단(다문화 가족 청소년 야구단) 단장(2014~현재)
- 울산 정토사 회주(2025년)

저서

- 『두 번째 화살을 맞지 말라』(찻기전 누리는 행복) 등 산문집 4권
- 시집 『문 없는 문을 열고』 등 4권
- 『佛教千字文』 자전편·쓰기편, 『한중일영 불교천자문』, 『참회 발원 기도 행원참법』,
  『우리 말 발원문 108선집』, 『우리 말 불교의식집』,
  『부처님과 내마음 그리기』 〈읽고 쓰고 그리는 책〉 6권 외 불교서적 14종
  산하 덕진 작사 합창곡집 『고운소리 맑은세상』

음반

- 작사 음반 〈우리는 좋은 인연〉 작사곡 11곡 수록 CD, USB로 출시(2021)

전시회

- 개인 선서화전 (2022.6.18.~21, 울산 중구 문화의전당 전시실)
  (2025.8.26~31, 울산 문화예술회관 전시실)
- 단체전 8회

상훈 및 공적 사항

- 2000년 조계종 포교대상 공로상 부문 수상
- 2016년 국무총리상 수상(복지부분)
- 2022년 제18회 대한민국찬불가요 작사부문 대상(대한불교청소년문화진흥원)
- 공예 및 회화 작품 수상 다수

- 유튜브 YouTube '울산 정토사'
- 정토사 홈페이지 www.jungtosa.com

산하 덕진 작사 악보집

고운소리 맑은세상 2

초판발행 | 2025년 7월 25일

지은이 • 덕진 스님
발행인 • 김 동 금
펴낸곳 • 우리출판사
서울시 서대문구 경기대로9길 62
전화 (02) 313-5047 팩스 (02) 393-9696

보급처 • 울산 정토사
울산시 남구 문수로 217번길 15(옥동)
전화 (052) 258-9944

등록 제9-139호
ISBN 978-89-7561-361-6

값 12,000원